BEI GRIN MACHT SICH IHR WISSEN BEZAHLT

- Wir veröffentlichen Ihre Hausarbeit, Bachelor- und Masterarbeit

- Ihr eigenes eBook und Buch - weltweit in allen wichtigen Shops

- Verdienen Sie an jedem Verkauf

Jetzt bei www.GRIN.com hochladen und kostenlos publizieren

Bibliografische Information der Deutschen Nationalbibliothek:

Die Deutsche Bibliothek verzeichnet diese Publikation in der Deutschen National-
bibliografie; detaillierte bibliografische Daten sind im Internet über http://dnb.d-
nb.de/ abrufbar.

Impressum:

Copyright © 2017 GRIN Verlag, Open Publishing GmbH
Druck und Bindung: Books on Demand GmbH, Norderstedt Germany
ISBN: 9783668561106

Dieses Buch bei GRIN:

http://www.grin.com/de/e-book/378987/gesundheitsorientiertes-krafttraining-und-
trainingsplanung-fuer-eine-22-jaehrige

Katharina Flieger

Gesundheitsorientiertes Krafttraining und Trainingsplanung für eine 22-jährige Studentin

GRIN Verlag

GRIN - Your knowledge has value

Der GRIN Verlag publiziert seit 1998 wissenschaftliche Arbeiten von Studenten, Hochschullehrern und anderen Akademikern als eBook und gedrucktes Buch. Die Verlagswebsite www.grin.com ist die ideale Plattform zur Veröffentlichung von Hausarbeiten, Abschlussarbeiten, wissenschaftlichen Aufsätzen, Dissertationen und Fachbüchern.

Besuchen Sie uns im Internet:

http://www.grin.com/

http://www.facebook.com/grincom

http://www.twitter.com/grin_com

Deutsche Hochschule für
Prävention und Gesundheitsmanagement

Einsendeaufgabe

Fachmodul: Trainingslehre I – Gesundheitsorientiertes Krafttraining

Studiengang: B.A. Gesundheitsmanagement

Name, Vorname: Flieger, Katharina

Studienort: Saarbrücken

Semester: WiSe 2016

Inhaltsverzeichnis

1 Diagnose

1.1 Allgemeine und biometrische Daten

Tab. 1: Allgemeine und biometrische Daten zur Person

	Daten
Alter, Geschlecht, Körpergröße, Körpergewicht, BMI, Körperfettanteil	22 Jahre, weiblich 1,70 Meter, 76 kg BMI von 26,3 (leichtes Übergewicht) nach der WHO Körperfettanteil von 37%
Trainingsmotive	Allgemeiner Fitnesszustand verbessern und Gewichtsverlust, einen aktiveren Lebensstil pflegen
Berufliche Tätigkeit	Überwiegend sitzende Bürotätigkeit 40 Std./Woche und Gastronomie/Service circa 15 Std./Woche
Aktuelle und frühere sportliche Aktivitäten	Gardetanz einmal pro Woche zwei Stunden seit 16 Jahren und Fitness-Studio circa ein- bis zweimal pro Woche 1,5 Stunden unregelmäßig seit etwa 2 Jahren
Zeitlicher Verfügungsrahmen	Wochentags abends ab 17:30 Uhr in einem unregelmäßigen Rhythmus und am Wochenende unregelmäßig, circa zwei mal 1,5 bis 2 Stunden pro Woche
Biometrischer Parameter Blutdruck nach der Riva-Rocci-Methode	128 mmHg systolisch und 83 mmHg diastolisch Bewertung: normal nach der American Heart Association (Mancia et al., 2013, S. 1286)
Allgemeiner Gesundheitszustand	Leichte Beschwerden im LWS-Bereich (Anamnese)
Gesundheitliche Einschränkungen	Keine Einschränkungen
Belastbarkeit und Trainierbarkeit der Person	Die Person ist aufgrund ihres jungen Alters, der Abwesenheit von gesundheitlichen Einschränkungen und der Trainingserfahrung voll belastbar und trainierbar.

1.2 Krafttestung

Auswahl des Testverfahrens:

Krafttestung erfolgt über die individuelle Leistungsbildmethode (ILB-Methode) in Form eines X-RM-Tests (Mehrwiederholungstest). Dieser Maximalkrafttest wurde ausgewählt, da die Klientin bereits keine Trainingsanfängerin mehr ist und folglich in der Lage ist, eine Testübung mit maximaler Belastung technisch gut auszuführen. Die Wiederholungszahl von zwanzig Wiederholungen orientiert sich an der Wiederholungszahl des darauffolgenden Mesozyklus. Somit wird die Leistungsfähigkeit für das angestrebte Training ermittelt. Vor jedem weiteren Mesozyklus wird ein erneuter Krafttest mittels der ILB-Methode durchgeführt, um die Maximalkraft zu bestimmen und die einzusetzenden Gewichtes des darauffolgenden Mesozyklus planen zu können. Auch wird nach dem letzten Mesozyklus ein Krafttest mittels der ILB-Methode durchgeführt (Re-Test), um einen intraindividuellen Vergleich der Kraftfähigkeit ziehen zu können und einem Trainingserfolg messen zu können. Dies dient somit auch der Motivation der Klientin.

Testablauf:

Zur Durchführung der Krafttestung muss die Kundin regeneriert und ausgeruht sein und darf am aktuellen Tag noch nicht trainiert haben. Sie sollte sich allgemein an einem Ausdauergerät ihrer Wahl für mindestens zehn Minuten und auch spezifisch für die jeweiligen Übungen aufgewärmt haben und gedehnt haben. Die im Test einzusetzende Wiederholungszahl wurde im Voraus bereits festgelegt.

Ziel der Testung ist, das jeweilige Gewicht zu ermitteln, mit welchem die Kundin die Übung gerade noch bewältigen kann, jedoch sollten alle Wiederholungen technisch gut ausgeführt werden. Es werden maximal drei Testsätze pro Übung durchgeführt, um einer vorzeitigen Ermüdung der Muskeln vorzubeugen. Die Testung wird für jede Übung durchgeführt, die in den folgenden Trainingsplan aufgenommen werden soll. Durch die Trainingserfahrung der Klientin besteht kein Problem darin, ein durch die ILB-Methode gefordertes Anfangsgewicht für den ersten Testsatz zu finden, da sie bereits an den Testgeräten trainiert hat und eine gute Vorstellung ihrer Leistungsfähigkeit besitzt. Dieses Gewicht wurde im zweiten und dritten Testsatz um 5 kg bzw. 2,5 kg (bei den Scott-Curls) erhöht, um die maximale Leistung auszuloten.

Tab. 2: Testgewichte Krafttestung 20-RM

Übung	Wiederho-lungen	1.Testsatz	2.Testsatz	3.Testsatz	Ergeb-nis
Scott- Curl	20	5 kg	7.5 kg	10 kg	10 kg
Butterfly an Ma-schine	20	25 kg	30 kg	30 kg	30 kg
Latzug am Kabel-	20	35 kg	40 kg	40 kg	40 kg

Übung	Wiederho-lungen	1.Testsatz	2.Testsatz	3.Testsatz	Ergeb-nis
zug					
Beinbeugen an Leg-Curl Maschine im Sitz	20	70 kg	75 kg	75 kg	75 kg
Horizontale Bein-presse	20	50 kg	55 kg	55 kg	55 kg
Gerader Crunch mit Zusatzgewicht	20	2,5 kg	5 kg	5 kg	5 kg
Rudern sitzend am Kabelzug	20	20 kg	25 kg	25 kg	25 kg
Rumpfheben an Hyperextensions-bank mit Zusatz-gewicht	20	5 kg	7,5 kg	10 kg	10 kg
Abduktorenma-schine	20	50 kg	55 kg	60 kg	60 kg
Adduktorenma-schine	20	45 kg	50 kg	55 kg	55 kg
Fersenheben im Stand	20	40 kg	45 kg	45 kg	45 kg

Schlussfolgerungen:

Durch den mit zwanzig Wiederholungen durchgeführte Mehrwiederholungskrafttest wurde das maximal zu bewältigende Gewicht individuell für jede Übung ermittelt. Dies entspricht 100 % der Maximalkraft bei einer Wiederholungszahl von zwanzig Wieder-holungen.

Ausgehend von den ermittelten Ergebnissen, lässt sich die Intensität für den folgenden Mesozyklus bestimmen, in welchem aufgrund der Belastungsparameter eine Intensität von 55 % im Kraftausdauertraining gewählt wurde. Somit kann man das für das Trai-ning benötigte Gewicht für die jeweilige Übung bestimmen, zum Beispiel bei der Ab-duktorenübung, bei der das bei der Krafttestung ermittelte Maximalgewicht 60 kg sind, wird ein Gewicht von 30 bis 35 kg eingestellt.

Die ermittelten Werte geben Referenzwerte an, die mit den Werten des ILB-Tests nach dem letzten Mesozyklus, welcher unter gleichen Bedingungen durchgeführt wird vergli-chen werden können. Durch diesen Re-Test kann der Trainingserfolg messbar gemacht und eine Auswertung des Trainings ermöglicht werden.

2 Zielsetzung/Prognose

Tab. 3: Drei relevante Ziele auf Basis der Diagnosedaten

	Zielsetzung (Inhalt, Ausmaß, Zeit)
Ziel 1	Reduzierung des Körperfettanteils um 7 kg in 5 Monaten und damit verbunden eine Senkung des Body-Mass-Index in den Bereich des Normalgewichtes (>24,0)
Ziel 2	Aufbau von Muskelmasse um 1 kg in 5 Monaten
Ziel 3	Kraftsteigerung in einem Mehrwiederholungskrafttest um 10 Prozent in 5 Monaten
Begründung	Den Zielen Gewichtsverlust, Verbesserung der allgemeinen Fitness und Vollziehen eines aktiven Lebensstiles wird mit diesen definierten Zielsetzungen gerecht. Zur Verwirklichung des Zieles „Reduzierung des Körperfettanteiles" muss die Klientin außerdem ihre Ernährung beachten. Eine Reduktion des Körperfettes um 250 bis 500 Gramm pro Woche gilt als realistisch. Das primäre Ziel der Gewichtsreduktion wird durch einen moderaten Muskelmassezuwachs realistisch ergänzt. Auch das Ziel der Kraftsteigerung, welche durch Krafttestungen vor Beginn der Trainingsplanung und nach einem abgeschlossenen Makrozyklus nachgewiesen wird, entspricht dem Wunsch der Klientin nach einer Verbesserung der Fitness. Um einen optimalen Vergleich zu erhalten, werden diese beiden Testungen unter denselben Bedingungen durchgeführt.

3   Trainingsplanung Makrozyklus

Tab. 4: Makrozyklusplanung

	Mesozyklus I	Mesozyklus II	Mesozyklus III	Mesozyklus IV
Trainings-ziel	Kraftaus-dauer	Hypertro-phietrai-ning	Kraftaus-dauer	Hypertro-phietrai-ning
Dauer	6 Wochen	4 Wochen	6 Wochen	4 Wochen
Organisati-onsform	Ganzkör-pertraining (GK), Kreistrai-ning	GK	GK	GK
Einheiten/ Woche	2-3	2	2-3	2
Übungen/ Muskel-gruppe	1-2	1-2	1-2	1-2
Sätze/ Übung	3	3	3	2
Wiederho-lungen	20	15-10	25-20	10
Intensität (% ILB)	55%	70%- 80%	65%	80%- 85%
Bewegungs-tempo	langsam	zugig	Langsam bis zügig	zügig bis explosiv
Satzpausen	60 Sekun-den (Sek.)	2-3 Minu-ten (min)	90 Sek.	3 min

(Spalten-Markierungen zwischen den Mesozyklen: ILB-Test: 20-RM, ILB-Test: 12-RM, ILB-Test: 25-RM, ILB-Test: 10-RM, ILB-Test: 20-RM)

Tab. 5: Erläuterungen zum Makrozyklus

	Begründung Makrozyklusdarstellung
Trainingsmethoden	Das Training erfolgt nach der Individuellen-Leistungsbild-Methode (ILB-Methode) (Eifler, 2013, S. 72-76; Haupert, 2007, S. 63-66).

Begründung Makrozyklusdarstellung	
	Es handelt sich um ein abwechselnd intensives Kraftausdauer- und Hypertrophietraining, um die gewünschte Reduktion des Körperfettanteiles zu erreichen. Muskelaufbau langfristig nur möglich, wenn auch Kraftausdauer geschult wird, daher Kombination aus beidem.
	Es wird ein Basistraining (=komplexe Kraftentwicklung) für eine sportlich leicht fortgeschrittene Klientin geplant, keine differenzierte Entwicklung einzelner Kraftarten.
	Ziele eines solchen Basistrainings sind der Ausgleich muskulärer Dysbalancen, eine Hypertrophie, eine Verbesserung der Muskelausdauer (und einhergehende Verbesserung des aerob-anaeroben Stoffwechsels) und eine Körperfettreduktion. Hinzu kommt eine Verbesserung der intramuskulären Koordination (Ehlenz et. al., 2003, S. 108-109).
Belastungsparameter	Die Belastungssteuerung erfolgt über die prozentuale Angabe der ermittelten Maximalkraft (Boeckh-Behrens & Buskies, 2012, S. 68, Tab. 9). Vor jedem Mesozyklus wird eine Krafttestung nach der ILB-Methode in Form eines Mehrwiederholungskrafttestes durchgeführt. Die Wiederholungszahl in den Krafttestungen entspricht der gewählten Wiederholungszahl im darauf folgenden Mesozyklus.
	Ein Effekt einer Hypertrophie ist am wahrscheinlichsten bei einem Training mit submaximalen Widerständen zwischen 70% und 90% der Maximalkraft. In Mesozyklus II werden drei Sätze, in Mesozyklus IV zwei Sätze vollzogen. Die Anzahl wird im vierten Zyklus aufgrund der Belastungssteigerung gesenkt, so wie die Satzpausen von zwei auf drei Minuten ansteigen (Schnabel et al., 2014, S. 325-326). Auch wurden die Belastungsparameter im Hypertrophietraining nach Friedmann (2007, S. 12-15) modifiziert.
	Die Intensitäten und Anzahl der Sätze im Kraftausdauertraining entsprechen den Empfehlungen von Martin et al. (2001, S. 132).
	Angepasst an den zeitlichen Verfügungsrahmen der Klientin, werden zwei bis drei Trainingseinheiten pro Woche geplant, somit werden mindestens zwei Reize pro Muskel und Woche gesetzt, welche für die Zielerreichung ausreichend sind (Fro-

ehlich & Schmidtbleicher, 2008).

Weiterhin fiel die Wahl auf ein Mehrsatztraining, welches im Kraftausdauer- sowie Hypertrophietraining effektiver ist als ein Einsatztraining (Fröhlich, 2010, S. 38-39, zitiert nach Eifler, 2013, S. 45-46). Die Satzpausen wurden nach den Empfehlungen von Güllich und Schmidtbleicher (1999, S. 229, 232) angepasst. Um den Trainingseffekt zu steigern, sollten die Übungen qualitativ hochwertig ausgeführt werden. Die Bewegungen sollten möglichst über die volle Bewegungsamplitude vollführt werden (Eifler, 2013, S. 53-54).

Organisationsform	Aufgrund des zeitlichen Verfügungsrahmens der Klientin von lediglich zwei bis drei Mal pro Woche, ist ein Split-Training ungeeignet, somit wurde ein Ganzkörpertraining gewählt. Im ersten Mesozyklus wird in Form eines Kreistrainings trainiert, welches für das Kraftausdauertraining besonders geeignet ist. (Martin et al., 2001, S. 135-136; Schnabel et al. 2014, S. 362-364). Weiterhin wird das Training im zweiten bis vierten Mesozyklus als Stationstraining ausgeführt.
Periodisierung	Eifler (2013, S. 57-59) gibt eine Übersicht über Periodisierungsmodelle und konstatiert, dass es keinen Unterschied in der Effektivität zwischen linearer und nonlinerarer (wellenförmigen) Periodisierung gibt, eine Periodisierung aber allgemein zu empfehlen ist. Daher findet im Makrozyklus dieser Trainingsplanung eine Mischform Anwendung, indem das Kraftausdauer- und Hypertrophietraining abgewechselt wurde. Innerhalb der zwei Trainingsmethoden gibt es eine jeweils lineare Periodisierung mit einer progressiven Belastungssteigerung. Die Belastung erreicht ihren Höhepunkt am Ende des vierten Mesozyklus.

4   Trainingsplanung Mesozyklus II

Tab. 6: Trainingsplanung Mesozyklus II

	Woche 1	Woche 2	Woche 3	Woche 4
Trainingsziel	Hypertrophie	Hypertrophie	Hypertrophie	Hypertrophie
Einheiten/Woche	2	2	2	2
Organisationsform	GK	GK	GK	GK
Übungen/Muskelgruppe	1-2	1-2	1-2	1-2
Sätze/Übung	3	3	3	3
Satzpausen	2 min	2 min	3 min	3 min
Wiederholungen	15	12	12	10
Intensität	70%	75%	75%	80%
Bewegungstempo	zügig	zügig	zügig	zügig bis explosiv

Tab. 7: Begründung der Übungsauswahl im Mesozyklus

Übung	Begründung
Scott-Curl	Diese eingelenkige Übung (Ellbogengelenk) dient der Kräftigung des M. biceps brachii. Es geschieht eine Supination des Unterarmes und eine Ellbogenbeugung, die beiden Hauptfunktionen des Bizepsmuskels. Für die Klientin, die in den Oberarmen nur schwach trainiert ist, eignet sich der Scott-Curl besonders, da die Oberarme auf der geneigten Auflagefläche fixiert werden. Dies erleichtert die Ausführung der Übung und ermöglicht eine bessere Bewältigung der Gewichte (Boeckh-Behrens & Buskies, 2012, S. 446).
Butterfly an Maschine	Diese eingelenkige Übung kräftigt den M. pectoralis major. Aufgrund der nicht unerheblichen Verletzungsgefahr beim Bankdrücken wurde diese Übung zur Kräftigung des großen Brustmuskels für die Klientin ausgewählt, die in Vergangenheit nur eine geringe Kräftigung dieses Muskels betrieb. In einer Butterfly-Maschine wird der Körper gut fixiert und die Ausführung der Übung gelingt problemlos (Boeckh-Behrens & Buskies, 2012, S. 366). Durch diese Übung werden alle

Übung	Begründung
	drei Teile des Muskels intensiv angesprochen (Boeckh-Behrens & Buskies, 2012, S. 359).
Latzug am Kabelzug	Diese Übung trainiert den M. trapezius sowie die Mm. Rhomboidei. Außerdem wird dabei auch der m. biceps brachii aktiviert. Diese Übungen sind für die Klientin geeignet, da sie die Rücken- und Nackenmuskulatur stärken und Haltungsschäden vorbeugen.
Beinbeugen an Leg-Curl-Maschine im Sitz	Durch diese Übung wird die ischiocrurale Muskulatur (Mm. Ischiocruralis = N. biceps femoris, M. semimembranosus. M. semitendinosus) gekräftigt (Boeckh-Behrens & Buskies, 2012, S. 293).
Horizontale Beinpresse	Durch die Beinpresse wird eine große Zahl von Muskeln beansprucht (M. quadriceps femoris, M. rectus femoris, M. vastus medialis, M. vastus lateralis, M. glutaeus maximus, M. tibialis anterior) Die Übung ist dreigelenkig (Streckung Kniegelenk, Beugung Hüftgelenk, Dorsalextension). Sie ist für die trainierte Klientin effektiver als eine Übung mit dem eigenen Körpergewicht (z.B. Kniebeuge) (Boeckh-Behrens & Buskies, 2012, S. 234). Durch die gute Rumpfstabilisierung können hohe Lasten bewältigt werden. Der hohe Hüftgelenkwinkel von ca. 100° fördert eine hohe Aktivität des Oberschenkelmuskels und ist daher geeigneter als das Beinpressen im aufrechten Sitz (Boeckh-Behrens & Buskies, 2012, S. 249). Die Beinpresse stellt die effektivste Übung für den M. quadriceps femoris dar und trainiert ebenfalls den M. glutaeus maximus (Boeckh-Behrens & Buskies, 2012, S. 262). Auch führt sie durch die Stabilisierung der Wirbelsäule und des Beckens zu einem Training des M. erector spinae (Boeckh-Behrens & Buskies, 2012, S. 164). Die Übung birgt ein geringes Verletzungsrisiko trotz hoher Gewichte, eine einfache technische Ausführung mit hoher Effektivität, und beansprucht viele verschiedene Muskeln. Dadurch ist sie sehr wirkungsvoll für den unteren Rücken, das Gesäß und die Oberschenkel und wurde aufgrund ihrer Eigenschaft als Komplexübung in den Trainingsplan für die Klientin aufgenommen.

Übung	Begründung
Gerader Crunch mit Zusatzgewicht	Diese Übung dient der Kräftigung der Mm. abdomini (bestehend aus: M. rectus abdominis, M. obliquus externus abdominis, M. obliquus internus abdominis, M. transversus abdominis, M. quadratus lumborum). Mit nach hinten gestreckten Armen ist sie die effektivste Übung für den oberen sowie unteren Anteil des geraden Bauchmuskels (durch eine Verlängerung des Lastarms) (Boeckh-Behrens & Buskies, 2012, S. 125-135, S. 144), sowie für die schrägen Bauchmuskeln (Boeckh-Behrens & Buskies, 2012, S. 138, 144). Diese Übung ist für eine allgemeine Kräftigung der Bauchmuskulatur gut geeignet, da sie alle Anteile anspricht.
Rudern sitzend am Kabelzug	Diese Übung kräftigt den M. latissimus dorsi. Durch eine körpernahe Oberarmführung geschieht die Aktivierung des M. latissimus dorsi durch den Oberarm-Rumpf-Winkel zwischen 0° und 45° am effektivsten (Boeckh-Behrens & Buskies, 2012, S. 206-208). Durch die Abwesenheit einer Bruststütze ist eine Anspannung der gesamten Rumpfmuskulatur notwendig, was diese zusätzlich kräftigt.
Rumpfheben an Hyperextensionsbank mit Zusatzgewicht	Diese Übung beansprucht in erster Linie den M. erector spinae, aber auch den M. glutaeus maximus, sowie die ischiocrurale Muskulatur. Um die Übung so effektiv wie möglich auszuführen, sollte der Rumpf über die Waagerechte hinaus angehoben werden, damit der untere Anteil des Rückenstreckers aktiviert wird. Durch eine Streckung der Arme nach vorne (Verlängerung des Hebelarmes) oder Zusatzgewichten kann die Intensität erhöht werden (Boeckh-Behrens & Buskies, 2012, S. 167). Diese Übung ist daher gut geeignet, da eine Kräftigung durch die Stabilisation stattfindet und diese Übung die Koordination durch die technische Komplexität fördert.
Abduktorenmaschine	Diese Übung bewirkt eine Kräftigung der Abduktorengruppe (M. glutaeus medius und minimus, M. tensor fasciae latae) und weiterer beteiligten Muskeln (M. rectus femoris und M. glutaeus maximus) sowie eine Stabilisierung des Beckens. Einige Muskeln entwickeln bei gebeugtem Hüftgelenk (Sitz-

Übung	Begründung
	position) mehr Kraft (Boeckh-Behrens & Buskies, 2012, S. 322). Ebenso ist die Rumpfmuskulatur angespannt und damit der Körper stabilisiert, weswegen die Übung einfach durchzuführen und gut geeignet für die Klientin ist.
Adduktorenmaschine	Diese Übung dient der Kräftigung der Adduktorengruppe (M. gracilis, M. adductor brevis und magnus, M. pectineus). Sie ist eine zweigelenkige Übung (Hüftgelenk und Kniegelenk (M. gracilis)), das Becken stabilisiert und die Rumpfmuskulatur ist angespannt. Aufgrund der guten Stabilisierung erlaubt die Übung den effektiven Einsatz hoher Gewichte (Boeckh-Behrens & Buskies, 2012, S. 303).
Fersenheben im Stand	Diese Übung trainiert den M. gastrocnemius und den M. soleus. Sie kann bei einbeiniger Ausführung auch ohne Gewicht bewältigt werden, welches ansonsten starken Druck auf die Wirbelsäule ausübt (Boeckh-Behrens & Buskies, 2012, S. 340). Die Übung kräftigt beide genannten Muskeln gleichermaßen und ist daher gut geeignet, da bei der Klientin keiner dieser beiden Muskeln in einem höheren Maße trainiert werden muss.
Allgemeine Bemerkungen	Es wurde darauf geachtet, Übungen mit einer einfachen technischen Ausführung auszuwählen, bei denen kein Partner zur Sicherung und Unterstützung notwendig ist, da die Klientin keinen Trainingspartner zur Verfügung hat. Die Sicherheit sollte gewährleistet und Verletzungsrisiko gering gehalten werden. Die Reihenfolge der elf Übungen ist so gewählt, dass dem Agonisten einer Übung eine Übung mit dem jeweiligen Antagonisten folgt (unabhängig von den Synergisten). Zum Beispiel folgt auf die Übung an der Abduktorenmaschine eine Übung an der Adduktorenmaschine, dem zugehörigen Antagonisten. Bei der Auswahl der Übungen galt es, auch die Aktivitäten im alltäglichen Leben der Klientin zu berücksichtigen. Da diese eine überwiegend sitzende Tätigkeit ausübt, ist es angebracht, einige rückenstabilisierende Übungen auszuführen, um Rückenschmerzen vorzubeugen und den schon vorhandenen Rückenschmerzen entgegen zu wirken.

Übung	Begründung
	Die richtige Ausführung der Übungen wird der Klientin auch bei komplexeren Übungen keine Schwierigkeiten bereiten, da die Klientin bereits eine dafür ausreichende Trainingserfahrung besitzt.
	Um ein abwechslungsreiches Training zu gestalten, wurde bei der Übungsauswahl eine Kombination aus geführten Übungen (Maschinen und Seilzug) sowie Freihanteltraining und Eigengewichtstraining gewählt.
	Die Übung „Beinstrecken" (Antagonist zu Beinbeugen) wurde bewusst nicht in den Trainingsplan aufgenommen, da diese dieselben Effekte birgt wie die horizontale Beinpresse, nur wird der M. quadriceps femoris bei dem Beinbeugen um 25% weniger aktiviert wie bei der horizontalen Beinpresse (Boeckh-Behrens & Buskies, 2012, S. 247).

5 Literaturrecherche – Effekte des Krafttrainings bei Rückenbeschwerden

Tab. 8: Vergleich zweier Studien zu Effekten eines Krafttrainings bei Rückenbeschwerden

	Goebel, Stephan & Freiwald (2005)	Stephan, Goebel & Schmidtbleicher (2011)
Autoren	S. Goebel und A. Stephan der Forschungsabteilung Kieser Training (FAKT) Köln und Freiwald von der Bergischen Universität Wuppertal.	A. Stephan und S. Goebel der Abteilung Forschung und Entwicklung Kieser Training AG und D. Schmidtbleicher vom Institut für Sportwissenschaften der Johann Wolfgang Goethe Universität Frankfurt/Main.
Jahr der Publikation	2005	2011
Stichprobe	Die Gruppe, welche die medizinische Kräftigungstherapie (MKT) durchführte, lag	N=58 Personen absolvierten ein selbstständiges maschinengestütztes hypertrophie-

	Goebel, Stephan & Freiwald (2005)	Stephan, Goebel & Schmidtbleicher (2011)
	bei n=69 Personen, die Kontrollgruppe bei n=33. Das Durchschnittsalter der MKT-Gruppe lag bei 46,1, das der Kontrollgruppe bei 47,1 Jahren. In der MKT-Gruppe waren 53 Männer, in der Kontrollgruppe 20 Männer. Alle Probanden litten seit mindestens sechs Monaten an einem chronischen Rückenschmerz oder erlitten bereits mehr als zwei Lumbalgien bzw. Lumboischialgien pro Jahr innerhalb der letzten zwei Jahre mit einer jeweils mindestens einwöchigen Arbeitsunfähigkeit. Die Feldzeit ging von Februar 2000 bis April 2003.	orientiertes Krafttraining. Die Kontrollgruppe beinhaltete n=16 Personen. Das Durchschnittsalter der Trainingsgruppe betrug 44,37 Jahre, das der Kontrollgruppe 44,88 Jahre. Der Anteil der Frauen lag in der Trainingsgruppe bei 53,4% und in der Kontrollgruppe bei 62,5%. Einschlusskriterien waren Rückenschmerzen seit mehr als zwölf Wochen oder mindestens zwei rezidivierende Schmerzschübe pro Jahr seit mindestens zwei Jahren, sowie ein Chronifizierungsgrad 1 oder 2 und die Befähigung zum selbstständigen Krafttraining nach Einschätzung eines Arztes. 96,9% der Trainingsgruppe sowie 93,8% der Kontrollgruppe gaben Schmerzen im Bereich der Lendenwirbelsäule an. Diese multizentrische und prospektive Studie fand von April bis Oktober 1999 statt.
Versuchsaufbau/ Design	Die Datenerhebung erfolgte zu drei Messzeitpunkten, vor der MKT (T0), nach der MKT (T1) und nach weiteren zwölf Monaten (T2). In dieser multizentrischen Studie wurden die Einschätzungen der Patienten zum Rückenschmerz	Die Datenerhebung erfolgte zu drei Messzeitpunkten, zu Interventionsbeginn sowie nach drei und sechs Monaten. Zur Messung der Intensität des Rückenschmerzes und der resultierenden Beeinträchtigung wurden die nu-

Goebel, Stephan & Frei-wald (2005)	Stephan, Goebel & Schmidtbleicher (2011)
(mittels einer 10-stufigen Lickert-Skala), zur subjektiven Gesundheit (mittels einem SF-36 Fragebogen) und zur Funktionskapazität des Rückens (mittels Funktionsfragebogen Hannover) aufgenommen. Außerdem schätzen die Probanden die Einschränkung ihrer Arbeitsfähigkeit ein und machten Angaben zu den angefallenen Krankheitskosten.	merischen Schmerzskalen Pain Severity (PS), Effects of Pain (PS) sowie der Oswestry Disability Index (ODI) verwendet. Weiterhin wurde die lumbale Extensionskraft als isometrische Maximalkraft am Testgerät MedX Lumbar Extension getestet. Die Datenauswertung erfolgte mittels SPSS Statistics 17.0. Die Personen trainierten über sechs Monate sechs Mal monatlich für eine halbe Stunde.

| **Relevante Ergebnisse und Schlussfolgerungen** | In beiden Gruppen wurde eine Verringerung der Rückenschmerzen evaluiert. Die MKT-Gruppe zeigte bei beinahe allen Parametern bessere Ergebnisse gegenüber der Kontrollgruppe. Die Wirksamkeit des MKT-Trainings wurde aufgezeigt, vor allem gab es eine deutliche Reduktion der Schmerzintensität der MKT-Gruppe. Die Medizinische Kräftigungstherapie an der MedX-Lumbar-Extension Therapiemaschine sollte verstärkt untersucht und getestet werden. | Beide Gruppen erfuhren eine Reduktion des Anfangsschmerzes. Nach der Intervention waren 20 Personen der Trainingsgruppe schmerzfrei. Es zeigte sich, dass das Krafttraining zu einer multifaktoriell begründeten Schmerz- und Beeinträchtigungsreduktion führte. Ein selbstständig ausgeführtes Krafttraining mit einem Zeitaufwand von 18 Stunden im Monat eignet sich für Personen mit chronischem Rückenschmerz im Frühstadium. |

6 Literaturverzeichnis

Boeckh-Behrens, W.-U. & Buskies, W. (2000). *Fitness-Krafttraining. Die besten Übungen und Methoden für Sport und Gesundheit.* Reinbek bei Hamburg: Rowohlt Taschenbuch Verlag GmbH.

Ehlenz, H., Grosser, M. & Zimmermann, E. (2003). *Krafttraining. Grundlagen, Methoden, Übungen, Leistungssteuerung, Trainingsprogramme.* München: BLV Verlagsgesellschaft mbH.

Eifler, C. (2013). *Empirische Überprüfung der Effekte verschiedener Ansätze zur Intensitätssteuerung im fitnessorientierten Krafttraining.* Dissertation, Universität des Saarlandes. Saarbrücken.

Friedmann, B. (2007). Neuere Entwicklungen im Krafttraining. Muskuläre Anpassungsreaktionen bei verschiedenen Krafttrainingsmethoden. *Deutsche Zeitschrift für Sportmedizin 58 (1)*, 12-18.

Froehlich, M. & Schmidtbleicher, D. (2008). Trainingshäufigkeit im Krafttraining – ein metaanalytischer Zugang. *Deutsche Zeitschrift für Sportmedizin 59 (2)*, 4-12.

Goebel, S., Stephan, A. & Freiwald, J. (2005). Krafttraining bei chronischen lumbalen Rückenschmerzen. Ergebnisse einer Längsschnittstudie. *Deutsche Zeitschrift für Sportmedizin 56 (11)*, 388-392.

Güllich, A. & Schmidtbleicher, D. (1999). Struktur der Kraftfähigkeiten und ihrer Trainingsmethoden. *Deutsche Zeitschrift für Sportmedizin 50 (7/8)*, 223-234.

Haupert, M. (2007). *Zur Belastungsbestimmung im fitnessorientierten Krafttraining. Eine explorative Studie zur Methodik.* Dissertation, Universität des Saarlandes. Saarbrücken.

Mancia G., Fagard, R., Narkiewicz K., Redon J., Zanchetti, A., Böhm, M., et al. (2013). 2013 ESH/ESC Guidelines for the management of arterial hypertension: The Task Force for the management of arterial hypertension of the European Society of Hypertension (ESH) and of the European Society of Cardiology (ESC). *Journal of hypertension, 31* (7), 1281-1357.

Martin, D., Carl, K. & Lehnertz, K. (2001). *Handbuch Trainingslehre.* Schorndorf: Verlag Karl Hofmann.

Schnabel, G., Harre, H.-D. & Krug, J. (Hrsg.) (2014). *Trainingslehre - Trainingswissenschaft.* Aachen: Meyer & Meyer Verlag.

Stephan, A., Goebel, S. & Schmidtbleicher, D. (2011). Effekte maschinengestützten Krafttrainings in der Behandlung chronischen Rückenschmerzes. *Deutsche Zeitschrift für Sportmedizin 62 (3),* 69-74.

World Health Organisation. (2017). *Body Mass Index – BMI.* Zugriff am 24.06.2017. Verfügbar unter http://www.euro.who.int/en/health-topics/disease-prevention/nutrition/a-healthy-lifestyle/body-mass-index-bmi

7 Tabellenverzeichnis